AF193662

Círculo Rojo
EDITORIAL

HUELLAS DE SOLEDAD

HUELLAS DE SOLEDAD

Abrazar alma y corazón

Osiris

Círculo Rojo
EDITORIAL

Primera edición: mayo 2025

Depósito legal: AL 4290-2024

ISBN: 978-84-1097-880-5

Impresión y producción: Editorial Círculo Rojo

© Del texto: Osiris
© Maquetación y diseño: Equipo de Editorial Círculo Rojo

Editorial Círculo Rojo

www.editorialcirculorojo.com

info@editorialcirculorojo.com

Impreso en España - Printed in Spain

Estos versos están inspirados en nuestros mayores
y hechos para ellos, testigos de batallas sin conquistas.

Al amor de mi vida, que desde el principio, me amó hasta el extremo.

A todas las personas, que viven la soledad no deseada.

A mi querida Carmen Torroja, a todas las personas con las que he tenido el privilegio, de compartir a lo largo de estos nueve años.

A Don Carlos cardenal Osoro por el prólogo.

A Tomás Merchán, por la portada.

Al padre Ronald Castellano.

A mi familia y amistades.

Prólogo

La soledad, es una experiencia vital del ser humano. Cuando la vivimos con sentido, nos ayuda a crecer como personas y a dar plenitud a nuestra vida. La soledad acogida como algo importante para nuestra existencia, es algo distinto al hecho de "sentirse solo o sola" porque se puede estar solo, sin gustar la experiencia interior de la soledad, o se puede no estar solo y tener una experiencia de soledad con sentido de plenitud, es decir, viviendo una experiencia que le da sentido a la vida en sus diferentes etapas. Una soledad bien vivida e integrada es riqueza para dar plenitud a la vida humana, la soledad que se une al silencio interior.

Osiris Peñaranda, es una joven misionera, nacida en San José de Perijá en el Estado Zulia-Venezuela, ha vivido la experiencia de la soledad, en su doble vertiente: por un lado, en compañía de la Virgen María, su maestra en la en la contemplación de la soledad, que da sentido a su vida y por el otro lado, de la mano de los mayores, en quienes ha saboreado esa soledad que puede ser asfixiante y cruel. Esta experiencia está recogida en este extraordinario poemario titulado "Huellas de Soledad", con el cual, la autora, quiere mostrar una Soledad que acompaña a otras soledades, con la Soledad que es capaz de abrazar alma y corazón. La obra está compuesta por 31 poemas, que describen la vivencia de la soledad de personajes, como la tía Carmen, es la experiencia del sentido que tiene, el pasado o el presente siempre vivo de los recuerdos, es la experiencia de aquel, que reconoce que aún queda alguna materia pendiente y el valor que tiene cada minuto, que el amor por envejecido que sea, sigue guardando ilusión y añoranza, que le da valor a las miradas y guía los pasos del caminante. En este poemario se endulza los diferentes tipos de café y se les da rostro a los besos oxidados. En definitiva, esta obra es un homenaje, a una etapa de la vida que coincide con la jubilación, que no es una etapa para hundirse en la soledad con letra pequeña, sino para dar reconocimiento al amor que no emerge de un contrato, sino de la llamada profunda del corazón, que sigue buscando con quién, le gustaría envejecer. Esta misión que emerge de la experiencia personal de la autora, como cuidadora de las personas mayores, se convierte en instrumento para que el arte pueda mostrar su compromiso social, educativo y misionero, al lado de aquellos que forman parte de los más vulnerables u olvidados, de aquellos, que en palabras del mismo Jesús, son los destinatarios del amor incondicional de Dios. Es así, como puede comprenderse esta propuesta poética, como una pedagogía creativa que brota del amor en soledad. Esta soledad, se hace pedagogía para Osiris y así se adentra en un camino de descanso e interioridad, en el que se van integrando y silenciando, todas las dimensiones humanas hasta dar paso a la apertura, escucha y palabra, que brota desde la fuente de la vida y se hace fruto visible en el acompañamiento a las personas mayores, como una forma de vivir, de servir y amar; al más necesitado, una manera de ser y hacer en la historia. Todo eso, se refleja en las líneas de cada poema, que podrá descubrir en la lectura de "Huellas de Soledad." Finalmente, os invito a leer con pasión, esta obra que refleja el esfuerzo de Osiris por recordarnos, que con una mirada llena de amor, Jesucristo nos pidió el que paseásemos por la vida regalando ese amor. Jesucristo nos reveló como aproximar y ser reflejo del amor de Dios entre los hombres. Y nos invitó a que ese amor, se lo regalásemos a todos los hombres y mujeres que encontrásemos por el camino de la vida. A los mayores les debemos mucho, a los enfermos, los más vulnerables pero a todos, les debemos aproximar con nuestra vida, que alimentemos su esperanza que siempre es compañera entusiasta, de la fe y diligente en la caridad que es el amor en su plenitud.

CARLOS CARDENAL OSORO.

ARZOBISPO EM. DE MADRID.

INTRODUCCIÓN

A lo largo de estos años, en el cuidado de personas mayores, descubrí que, la última etapa de su vida se reduce, en una soledad que no desean. Si a esto, le sumas el deterioro cognitivo, físico, la pérdida de una red social, que los lleva a sentirse una carga esto nos debería hacer reflexionar . Estos aspectos, me han impulsado a compartir mi experiencia de vida, reflejada en esta antología, para dar visibilidad a un virus llamado soledad no deseada.

¡Ana Mary!

En la soledad, no me quiero quedar, no la deseo para mí, ni para los demás.

En la soledad, murmuro de vacío y me acurruco en el amor incondicional.

En la soledad, mi corazón late en el silencio de la noche, llena de ruidos,

¿Que puedo esperar si la soledad, es mí compañera matinal?

Hablando con la soledad, descubro que hay muchas personas viviendo este virus con el que lucho, para no dejarme atrapar, sin poder escapar.

Homenaje

Eres como el alba, que se levanta al despertar, cada mañana; tu sonrisa sin igual, llena de gozo espiritual. Tenías mucha historia que contar; de esta forma quiero expresar, tu grandeza que no se puede comparar, con el azul del cielo y con el mar.

Los ángeles empiezan a cantar y María te envuelve en su ternura maternal. Quien tuvo la dicha de contigo estar, será privilegiado, de tener por siempre tu amistad; y tus seres queridos, de tenerte como referente, de alegría y honestidad.

Porque, eres sinónimo de entrega incondicional; tus batallas, que algunas perdiste y otras ganaste. Fuiste reflejo de esperanza, para esta humanidad.

Tu vida no se apaga, se transforma para ir a un mejor lugar, lleno de felicidad.

¡Cuántos quisieran llegar a tu edad!

Gracias por lo vivido, por haber entregado todo por esta sociedad, por el amor, los consejos que a alguien le hayas podido dar, por el don de tu vida que se completa, con tu generosidad.

Tía Carmen

Silenciosa, con la mirada puesta en el reloj, ella en su esplendor emanaba dulzura, desprendía comprensión.

Te conocí en el último eslabón perdido de tu memoria.

Me enseñaste a vivir en la alegría, entendí que es lo valioso, más que un título en el cajón.

Compañera incondicional, las campanas empezaron a sonar para irte a la eternidad con tus seres queridos, que en el cielo están; tú, sonriente, preparada para despegar, sabiendo que a muchos, tu ausencia un vacío nos iba a dejar.

Carmen, en mí corazón te has quedado, desde allá el ojo guiñándome estás, cada cuatro de abril, un recuerdo, una oración y un abrazo de amistad.

El pasado

Miro mí atardecer; me encuentro con el pasado, que se mezcla con el sueño de tu ser. Y no hay más que mirar el presente, de perder un tiempo que sueña con volver.

Miro hacia el vacío y encuentro suspiros perdidos llenos de olvidos. Y no hay más que desvelos en un pensamiento lleno de anhelos.

Y miro el tiempo que no disfruté contigo, que hoy añoro y no llega aún, volviendo la mirada al cielo, solo me consuela el deseo de no darme por vencido. Y sigo mirando los abrazos lejanos, que sueltan tus manos, a mí corazón arrugado.

Jubilada

Jubilada, se siente muy amada, hoy en día hace lo que desde siempre deseaba, y no podía.

Tocar el violonchelo, en un equipo variopinto, y a la vez, lleno de ritmos, era lo que anhelaba.

Enamorada de su vida, que expresaba con luz en su mirada. Orgullosa, respondía; "soy jubilada" se embarcó en el tren de Villalba, con destino príncipe Pío, para vivir un concierto de película nominada.

Medía uno cincuenta y cinco, su Chelo parecía llegar al suelo, pero ella se sentía empoderada de tener su *hobby*, como rutina en su vida, de jubilada.

Si alguien te llama

Si alguien te llama para contarte sus penas, amiga mía, escucha cómo tu corazón se aleja de los pasos descalzos por su agonía.

Si alguien te llama para pedirte un abrazo y paliar sus soledades, amiga mía, no te vayas sin responderle, porque un día serás ese alguien

Si alguien te llama para sentir un halo de luz en la puesta de sol, amiga mía, siéntate en la arena a escuchar en el sonido del mar su historia anclada en el sillón de la vida.

Si alguien te llama para olvidarse de sí mismo envuelto en su memoria, atrapado en el pasado, amiga mía, no te olvides de contemplar la madrugada llena de bondad infinita.

¡La soledad de los mayores!

La soledad de los mayores no es la misma que la de un niño; es más un vacío que se llena de suspiros y hastíos, pero los dos viven lo mismo.

La soledad de los mayores es un tizón que arde en la vida de unos seres que se apagan por la tarde, llenos de recuerdos y pesares.

La soledad de los mayores es recordar lo que fueron, valientes y luchadores delante de esos seres que huyeron.

La soledad de los mayores, lo más parecido al olvido, es escuchar el sonido del alma y vencer a lo vencido, como abandonando su nido.

La soledad de los mayores es callada con otros ruidos, el de la tele y la radio, que terminan en estallido.

La soledad de los mayores también es la ignorancia de las personas queridas por cualquier circunstancia; aun estando cerca, se siente la distancia.

La soledad de los mayores es de los hijos, sobrinos y nietos que viven sin tiempo para los padres, tíos y abuelos.

La soledad de los mayores es la realidad de mucha gente que pasa días o meses sin hablar y tampoco quien los escuche y les cuente.

Mi recuerdo

¡Tengo tantos recuerdos!, si, de esos momentos de alegría y compañía, que hoy echo tanto de menos.

Recuerdo la Navidad llena de regalos para todos, cenas, risas donde se celebraba en familia y con amigos.

¡Tengo tantos recuerdos! donde los nietos escuchaban las historias del abuelo, que lloraba y sonreía, al recordar lo vivido en el extranjero.

Recuerdo que aquí, hay un centenar de historias contadas, que quizás hoy repito, para mantenerme vivo.

Tengo un recuerdo, perdido en mi mente, lleno de suspiros por volver a lo vivido. Y tengo que recordar, que estoy solo en este mundo, porque todos están en lo mismo.

No me abandones

No me abandones, porque no tienes tiempo.

No me abandones, porque la rutina no deja acercarte a verme.

No me abandones, cuando me dices que debes estar con tus amigos para desconectar.

No me abandones, cuando hay kilómetros para llegar a casa y poderte visitar.

No me abandones, en verano, porque solo tienes un mes de vacaciones y no se pueden postergar.

No me abandones, en la última etapa de la vida, donde se siente la soledad, porque el tiempo no vale solo pasa esperando lo que al final llegará.

Han pasado muchos años

Han pasado muchos años, desde que te olvidaste de mi. No fui el mejor padre, pero te di lo mejor que creí.

Han pasado muchos años, sentado en este sillón, teniendo pensamientos de desilusión no es precisa la ocasión para reprochar tú decisión. Me has dejado, para seguir tu camino y vocación.

Han pasado muchos años, aún sigo esperando el día en que vuelvas, para salir tomados de la mano, compartir contigo y tus hermanos.

Han pasado muchos años, desde que te perdí, porque mis cuidados no fueron suficientes, como para darme tu tiempo y amor paciente.

Han pasado muchos años, y veo con pena la ausencia de mis seres queridos, a los que no veo porque dicen que fui malo, no saben que lo que di, fue lo que mis padres, me enseñaron.

Materia pendiente

Si me tratas con indiferencia, creeré que lo merezco. No entiendo lo que hice, pero asumo mi parte en el suceso.

Sí entiendo tus procesos, yo también pasé por ellos. Hoy quiero gritar al mundo, que los mayores necesitan, más abrazos, conversaciones y consuelo en sus duelos.

Mi materia pendiente hoy, es ofrecer solución, a tanta desolación, que veo en la mirada que ha perdido la ilusión, porque no tienen un lugar en la familia, que formó con dedicación.

Y también, ser la voz de los que piden comprensión, que se les trate con el respeto que merecen, por ser referentes, para esta generación.

¡Quiero volver!

Quiero volver a los años donde tú infancia era mi prioridad, tus juguetes esparcidos por la casa; era un caos, sin saber, que lo iba a añorar.

Hoy quiero, volver a tomarte de la mano, y llevarte a la escuela, al doctor o al parque a jugar.

Quiero volver a verte en mis brazos, cuando llovía, y la tormenta te llevaba a meterte en mi cama. A veces no querías hablar, solo el cuento escuchar, y dormir con mamá.

Quiero volver al pasado, para poder hacer las cosas bien, y en la vejez contigo estar. No me dejes de visitar y recordar que fui importante, para ti y tu papá.

Dónde te gustaría envejecer

Me gustaría envejecer en mi casita, rodeada de las cosas más bonitas y tomando mi café en el sitio que prefiera.

Me gustaría envejecer en mi hogar, con mis fotografías, mis recuerdos, durmiendo en mi cama eligiendo las cosas sencillas y comer lo que quiera.

Me gustaría envejecer al calor de la hoguera familiar, a la que entregaba cada día mi vida singular.

Me gustaría envejecer con todas mis necesidades cubiertas, para así poder sentirme entendida, y aceptada en cualquier etapa de la vida.

Me gustaría envejecer rodeada de mis seres queridos, llena de risas y compartiendo con los nietos.

Minutos

Un minuto para decirte que me siento sola.

Un minuto de silencio que se vuelve un año.

Un minuto después del día de mi cumpleaños.

Un minuto sin saber quién soy, porque no quiero recordar tantas horas llenas de soledad.

Un minuto para reconocer que tienes una vida con tu familia y no hay tiempo para mamá y papá.

Un minuto de abrazos y escapadas clandestinas, para ver tu lugar favorito abuela.

Un minuto después de las comidas esperando que me digas el café lo acompaño con tu bondad.

Un minuto de silencio por los viejos que partieron, corona de flores, lágrimas y cenizas en el cofre para el mar.

Amor por contrato

Ese día me llenaste de esperanza, conocía esa mirada, me llenó de desconfianza.

Era lunes y me hacía ilusión tomar contigo la infusión, esa que me gustaba de miel y limón. Pero el salón de silencio se invadió.

Tus palabras eran las más duras, el corazón se desgarró; un contrato y un amor que sentía falsos. Es un lugar seguro donde serás feliz en un sillón.

Sí, ahí pasé los últimos días, llenos de recuerdo y soledad. La felicidad brillaba por su ausencia, los domingos soñaba con volver a mi casa en la ciudad.

Sentía las palabras, pero no las oía en ese mundo de seres que morían en vida. Y mi calidad de vida es resumida en el monto más alto, pagado por no ser para ti una carga noche y día.

Amor envejecido

Un amor que sentía; con los años que tenía, te conocí en la etapa más tardía. Pero juntos nos damos compañía.

Era un amor envejecido por los años y aun así mariposas en el estómago sentía. Muchos nos miraban con ironía, no es momento de amar y luchando contra el viento, triunfó el amor que creían envejecido. No es la edad de 80 o 90 es un suspiro de aliento que perdura en el tiempo.

El amor es el sustento, del ser humano sin edad. No amar es morir en el intento, de ser parte, de un corazón, que se une con el alma, al viento.

¡Brillo y soledad!

Brillo en las miradas, que miran con sencillez; cálido es el brillo que sale por el iris de los ojos de un alma enamorada, que vive un día a la vez.

Brillo no es más que, momentos; brillo por la noche mágica, que refleja tu mirada. Y brillo, cuando siento tu amor, provocando un destello de luz, a mi corazón en llamas.

Brillo por el dulce momento, que dejaste en mi pensamiento, ése que se funde en mi pecho, alejando la soledad no deseada. Y brillo, aunque no tenga el color, para vencer el vacío, ausente que invade mi calma.

El banco

En el banco, mirando hacia la cafetería vivía, con la fuerza, que los caminantes desprendían. Si no fuera, por los perros, no sé si vivir aguantaría; ellos no hablan, pero me dan, alegría y compañía.

Con la mirada perdida, sintiendo en su espalda, el silencio de la esquina, paseaba de la mano de esos seres de cuatro patas, que la aferran a la vida.

Y decía; muchos años dedicados, a la crianza y profesión, los momentos para mí no existían.

Con el tiempo descubrió, que no podía ser, más que arrugas y comidas vacías. Arrastrando, los pasos de los años apoyada en su bastón, me sorprendía de ver la soledad, en su mirada, necesitada de compañía.

¡Hoy quiero vivir!

Hoy quiero vivir, en el silencio de los que buscan compañía.

Hoy quiero vivir, en la duda del que cree y en él confía.

Hoy quiero vivir, separada del mundo, en el caos del metro de Madrid.

Hoy quiero vivir, el aquí y el ahora, prometiendo lealtad cada día.

Hoy quiero vivir, en el frío del verano que alegra, los corazones quemados.

Hoy quiero vivir, viviendo con la risa, entre tus manos.

Hoy quiero vivir, disfrutando, del amor como un hallazgo.

Hoy quiero vivir, y no sé hasta cuándo, pero vivir soñando.

Hoy quiero vivir, una noche más, con la luz de tu mirada que, me vive deslumbrando.

Añoranza

Mi vida se fue apagando, pero vivía añorando tu presencia en las horas de ausencia. Mirar por la ventana día tras día, no llegabas a la vista.

Cada quien tiene su afán, yo solo añoranza; mantenía la esperanza de volver, a pasear por la esquina de mi hogar era un sueño, que no se hizo realidad.

Quería recordar, lo bonito que es, vivir pero estas paredes frías, de tristeza y soledad me invadían.

Me fui perdiendo sin darme cuenta, era demencia y para justificar tu ausencia, decía "no quiero molestar."

¡Miradas!

Hay miradas que hablan.

Hay miradas que encienden.

Hay miradas que se apagan.

Hay miradas que desnudan.

Hay miradas que seducen.

Hay miradas que se buscan.

Hay miradas que se encuentran.

Hay miradas que mueren.

Hay miradas que endulzan.

Hay miradas que aman.

Hay miradas que sueñan.

Hay miradas que enloquecen.

Hay miradas que envidian.

Hay miradas que ríen.

Hay miradas que enseñan.

Hay miradas que duelen.

Hay miradas que sanan.

Y hay miradas que quieren ser acompañadas.

Edadismo es

Cuando me echas de tu lado, por falta de tiempo y yo te echo de menos.

Cuando te olvidas, de que no soy un objeto; soy un adulto, que necesita, cuidados, amor y respeto.

Cuando no puedo con la tecnología, o sacar dinero; me ignoras como parte de la sociedad de la que, un día fui el primero.

Cuando dedicas, minutos para, realizar mi aseo, vestido y atender a más de quince, en un corto tiempo.

Cuando dices algo de mí, y no tomas en cuenta mi deseo, para decidir lo que tú, consideras correcto.

Cuando hablas con los demás, alegando que lo tengo todo en el centro, pero no ves que a ti, a quien no tengo.

Cuando pasan años, sin recibir un beso de mi hijo, olvidado en el recuerdo.

Cuando espero, que lleguen las fiestas para verte de nuevo y recordarte, que somos familia aunque, no siento ése amor, que creí darte en su momento.

El último vagón

En el último vagón, es donde pesan los años, esos que de repente pasan sin querer, pero que hacen tanto daño; en el último vagón, donde los recuerdos perdidos y encontrados, se convierten en ladrón.

En el último vagón, los momentos vividos, se desvanecen como el rayo, dejando huellas, que duelen con los años. En el último vagón, no hay más que seguir anidando, sueños dormidos prisioneros, en un mundo imaginario.

En el último vagón, cuánto bien hicisteis por la nación, por la familia, los hermanos, para quedar anclados en un sofá, sin dignidad y sin abrazos.

En el último vagón, la soledad y el desengaño, son compañeros de antaño, una fotografía desvencijada, es lo que ves al terminar, la rutina de cada día, mes y año.

En el último vagón, quisiera ser ungüento y merecer un buen trato; que el mundo reconozca, el valor de mi trabajo, o tener la sensación de sentirme el mejor con calidad de vida y un abrazo de cupón.

Caminante

Él, solía caminar todas las tardes, por eso lo llamaba caminante, quería ser valiente, hasta el último suspiro.

Le pedía a la vida, no tener que sufrir la soledad, pero el día llegó sin preguntar. El caminante dejó todo atrás y al sitio menos deseado fue a parar.

Ya no podía caminar, su vejez se prolongó, en la fría noche recostado en su sillón; el único calor que sentía era el de la calefacción. Un día, sus ojos se pagaron, solo en la habitación, se fue sin avisar.

A mi cuidadora

Me cuidas con sutileza, calientas mis días con tu alegría, esa es tu naturaleza. Me cubres de abrazos al levantarme, eres como agua fresca, que calma mi mente.

Me cuidas, cada vez que mi salud no está bien; te entregas con intensidad, me cuidas con ternura y dedicación.

Te entregas con amor filial, eres especial, cada día me llenas el alma, con tu compañía.

Mientras exista

Mientras exista, te amaré de corazón; mientras exista, seré tu compañera el resto de los días, porque eres mi ilusión.

Mientras exista, seguiré escribiendo historias, que salen de mi memoria, desprendiendo emociones.

Mientras exista, quiero verte llegar para cantar muestras canciones; mientras exista habrá un lugar, donde unir tu vida a la mía, sobran las razones.

Cómo quisiera

Como quisiera ser de nuevo, ese joven que corría por el mundo, creyendo que se lo comía. Y al final del día, todo se desvanecía en un segundo.

Pero me pierdo, en el laberinto de mi mente, que se olvida de los rostros y los hechos más profundos, queda en blanco si recuerdo.

Como quisiera reconocer, a mí familia y decirles lo que siento, pero vivo atrapado en el olvido. Solo me acompaña lo vivido en la infancia y en el pueblo.

Como quisiera ser el mismo, pero no hay más opción, que tomar el tren de la última estación.

El olvido

El olvido fue mi compañero, no sufría porque nadie venía.

El olvido me hizo volver a mi lugar favorito, donde me escondía para jugar y soñar con las golosinas que quería.

El olvido me llevó a recorrer el mundo que solo en mi mente existía y coger el arcoíris de papel en tu compañía.

El olvido es un dolor para los míos, que no entienden lo que ven del que un día fue un gran doctor, que sabía de la historia, de los viajes y leer para aprender.

El olvido es un virus que padecen los mayores y familiares sin respuestas de la ciencia. No se trata de un hallazgo que tenga que sorprender, sino que responda al mismo tiempo que solución ofrecer.

Besos oxidados

Esos que se dan una y otra vez, que parecen repetidos y a la vez besos de olvidos. Besos que se anidan en los míos, para devolverlos vencidos.

Besos oxidados de cariño, que se esconden en el alma, por tiempo indefinido. O tal vez, en la mirada del poeta que mira la lluvia, en la noche de luna llena.

Y sueñan despiertos con los besos oxidados, que murieron de pena; besos que esperaron y que aún no llegan, en el barco del olvido, como canto de sirena.

También besos que, se anclaron en el mar de tus sueños, fueron besos añorados por su dueño.

Besos que se oxidan, por la prisa de los años; besos caducados en el tiempo, besos como gotas de rocío, que llenan el universo.

El café

Era sábado temprano para ir a tomar el café, me calienta el cuerpo y a la vez saludo a José, el que me prepara la taza como me gusta un poco caliente y mi galleta Carré. Veo la gente venir a toda prisa, no entiendo el porqué; imagino lo mucho que hay que hacer. Mientras tanto, mi tiempo se prolonga porque no tengo preparado el dosier.

El café es diferente: unos con leche, otros templado, largo o al revés, el mío se enfría, del rato que pasa entre sorbos, risas conversaciones y tiempo de calidez.

El café nos une en cualquier momento del mes, a mí me llena de fé, recordar que no es solo hábito de la vejez.

Hay cafés que no quieres que, acaben para a tu rutina volver porque la soledad se siente por doquier.

¡Gordo!

Mirada suave como el viento, carácter fuerte como el hierro, un corazón, que vive queriendo.

Caminante de pasos lentos, aferrado a la vida, sublime, lleno de sueños; más amor que palabras, belleza interior escondida en los recuerdos.

Una historia que contar, una historia para inspirar talante, dedicación, ha sido para muchos un timón.

Hoy me llena de gozo sostener a un referente, que es ejemplo de lucha, optimismo, digno representante de esta nación.

Índice